BEI GRIN MACHT SICH IHR WISSEN BEZAHLT

AF145801

- Wir veröffentlichen Ihre Hausarbeit,
  Bachelor- und Masterarbeit

- Ihr eigenes eBook und Buch -
  weltweit in allen wichtigen Shops

- Verdienen Sie an jedem Verkauf

Jetzt bei www.GRIN.com hochladen und kostenlos publizieren

Bibliografische Information der Deutschen Nationalbibliothek:

Die Deutsche Bibliothek verzeichnet diese Publikation in der Deutschen National-
bibliografie; detaillierte bibliografische Daten sind im Internet über http://dnb.d-
nb.de/ abrufbar.

Impressum:

Copyright © 2017 GRIN Verlag
Druck und Bindung: Books on Demand GmbH, Norderstedt Germany
ISBN: 9783668724648

Dieses Buch bei GRIN:

https://www.grin.com/document/428905

Mandy Schmiedel

Verkaufsmanagment in einem Sportnahrungsgeschäft

GRIN Verlag

GRIN - Your knowledge has value

Der GRIN Verlag publiziert seit 1998 wissenschaftliche Arbeiten von Studenten, Hochschullehrern und anderen Akademikern als eBook und gedrucktes Buch. Die Verlagswebsite www.grin.com ist die ideale Plattform zur Veröffentlichung von Hausarbeiten, Abschlussarbeiten, wissenschaftlichen Aufsätzen, Dissertationen und Fachbüchern.

Besuchen Sie uns im Internet:

http://www.grin.com/

http://www.facebook.com/grincom

http://www.twitter.com/grin_com

Deutsche Hochschule für

Prävention und Gesundheitsmanagement

Hermann Neuberger Sportschule 3

66123 Saarbrücken

Einsendeaufgabe

Fachmodul: Verkaufsmanagment

Studiengang: Bachelor Fitnessökonomie

Datum
Präsenzphase   **06.02.2017 – 08.02.2017**

Name, Vorname: Schmiedel, Mandy

Studienort: **Saarbrücken**

Semester: **Winter 2016**

Inhaltsverzeichnis

Tabelle 1: Klassifizierung des Ausbildungsbetriebs nach Vorgaben der Einsendeaufgabe rev.16.016.000

Name der Anlage	Sportnahrung ▓▓▓▓▓
Standort (Stadt/Gemeinde)	Trier / Rheinland Pfalz

	Klassifizierung / Einordnung
Anlagenstruktur:	Einzelhandel für Sporternährung
Größe des Fachgeschäfts:	350qm
Durchschnittlicher Warenwert pro Kunde:	40,00 €
Beschreibung der Kernleistung:	Verkauf von Nahrungsergänzungsmittel

Eine Klassifizierung/Einordnung des Ausbildungsbetriebes nach den Vorgaben der geforderten Prüfungsleistung war nicht möglich, da es sich hier um keine Fitnessanlage handelt.

1 Verkaufsorganisation

1.1 Verkaufsorganisation des Ausbildungsbetriebes in seiner Kernleistung und deren Vergleich mit den 13 Stufen des Verkaufs.

In der Tabelle 2-4 wird der Verkaufsprozess der Kernleistung des Ausbildungsbetriebes dargestellt, den 13 Stufen des Verkaufs gegenübergestellt und deren Unterschiede erläutert.

Tabelle 2: Vergleich der 13 Stufen des Verkaufs mit dem Verkaufsprozess einer Kernleistung des Ausbildungsbetriebes

13 Stufen des Verkauf	Verkaufsprozess einer Kernleistung im Ausbildungsbetrieb	Unterschiede zum 13 Stufen-Modell
S T U F E • 1 — **Vorbereitung** - Organisatorische Vorbereitung: Unterlagen und Materialien bereithalten - Mentale Vorbereitung: Prüfen der Einstellung auf die eigene Rolle als Verkäufer, die Verkaufssituation und auf den Kunden (Schlaffke & Plünnecke, 2005, S.15-16).		Keine Vorbereitung möglich, da es keine festen Termine gibt.
S T U F E • 2 — **Kontaktaufnahme:** positives Erscheinungsbild (Kleidung, Körperhaltung, Mimik, Gestik, Aufnahme von Blickkontakt, freundliches Lächeln, Vorstellung der eigenen Person Schlaffke & Plünnecke, 2005, S.16-18).	**Kontaktaufnahme:** Der Kunde betritt das Ladenlokal, hier wird er von einem zuständigen Mitarbeiter per mit Blickkontakt und aktiver Ansprache freundlich begrüßt. Bei der aktiven Ansprache erfolgt eine kurze Vorstellung der eignen Person sowie das Anbieten eines Beratungsgesprächs.	

Tabelle 3: Fortführung der Tabelle 2: Vergleich des Verkaufs mit dem Verkaufsprozess einer Kernleistung des Ausbildungsbetriebes.

	13 Stufen des Verkauf	Verkaufsprozess einer Kernleistung im Ausbildungsbetrieb	Unterschiede zum 13 Stufen-Modell
S T U F E • 3	**Aufbau einer persönlichen Beziehung** Durch ein ausführliches Beziehungsgespräch wird eine vertrauliche Atmosphäre geschaffen. Einfache Fragen helfen Gemeinsamkeiten herauszufinden. Auf Körpersprache, Stimme und Sprechtechnik achten (Schlaffke & Plünnecke, 2005, S. 18).	**Aufbau einer persönlichen Beziehung.** Die persönliche Beziehung wird durch Mimik, Gestik, Tonalität und dem Erscheinungsbild aufgebaut.	Es erfolgt meist ein direkter Gesprächseinstieg mittels Bedarfsanalyse, da hier meist kein ausführliches Beratungsgespräch notwendig ist.
S T U F E • 4	**Bedarfsanalyse** offene und versteckte Bedürfnisse, sowie der wichtigsten Grund für das Beratungsgespräch (Hot Button) werden durch offene Fragestellungen heraus gearbeitet (Schlaffke & Plünnecke, 2005, S. 22).\n\nDurch die SPIN Methode wird ein Bedarf geschaffen. Am Schluss der Bedarfsanalyse erfolgt die Einwandvorbehandlung (Schlaffke & Plünnecke, 2005, S. 24-25).	**Bedarfsanalyse:** Durch offene Fragestellungen werden die Bedürfnisse des Kunden herausgearbeitet und ein konkreter Bedarf ermittelt.	Es findet keine Einwandvorbehandlung statt, da der Kunde oftmals mit einer konkreten Kaufabsicht das Ladenlokal betritt.
S T U F E • 5	**Angebotspräsentation** Merkmale beschreiben Vorteile aufzeigen Nutzen liefern (Schlaffke & Plünnecke, 2005; zitiert nach Sickel, 2010, S. 22).	**Produktpräsentation** Präsentation der Ware mit Produktvorstellung, sowie Aufzeigen des Nutzen für den Kunden. Die Preisvorstellung erfolgt mündlich und mittels Preisschild. Der Preis wird zusätzlich durch Kosten/ Nutzen Argumentation möglichst klein gehalten. Hilfreich ist das Verwenden von Preis pro Portion oder Tag.	Die Preispräsentation erfolgt direkt nach der Angebotspräsentation, da der Preis durch das Preisschild direkt ersichtlich ist. Daher ist es notwendig, die Preisfrage direkt zu behandeln, um bewusst den Preis durch Kosten / Nutzen Argumentation klein wirken zu lassen.
S T U F E • 6	**Angebots- und Bestätigungsstufe** Vorteile für den Kunden aufzeigen positive Bestätigungen des Kunden einholen mittels geschlossener und Bestätigungsfragen (Schlaffke & Plünnecke, 2005, S. 31-32).		Es wird keine erneute Bestätigung benötigt, da der Käufer keine Mitgliedschaft eingeht, sondern nur einen einmaligen Kauf tätigt. Das Angebot und der Preis wurde auch erfolgreich vorgestellt und behandelt.
S T U F E • 7	**Grundsatzentscheidung** positive Grundsatzentscheidung für Fitness einholen. Ohne positive Grundsatzentscheidung sollte Verkaufspräsentation nicht fortgeführt werden (Schlaffke & Plünnecke, 2005, S.32-33).		Diese ist aus den gleichen Gründen wie bei der Angebots- und Bestätigungsstufe nicht notwendig.

Tabelle 4: Fortführung der Tabelle 2 & 3: Vergleich des Verkaufs mit dem Verkaufsprozess einer Kernleistung des Ausbildungsbetriebes.

	13 Stufen des Verkauf	Verkaufsprozess einer Kernleistung im Ausbildungsbetrieb	Unterschiede zum 13 Stufen-Modell
S T U F E · 8	**Preispräsentation für die Mitgliedschaft** „...den Preis nicht isoliert, sondern eingepackt in den sich eröffnenden Nutzen und damit relativ präsentieren" (Schlaffke & Plünnecke, 2005, S. 33). Unterschiedliche Möglichkeiten vorstellen und mit Alternativfragen arbeiten und eine Empfehlung aussprechen (Schlaffke & Plünnecke, 2005, S. 33-34).		Die Preispräsentation erfolgt wie oben erklärt mittels Angebotspräsentation.
S T U F E · 9	**Das „Ja" zur Mitgliedschaft** Preisakzeptanz für Mitgliedschaft einholen (Schlaffke & Plünnecke, 2005, S. 35).		Es wird kein Ja zur Mitgliedschaft benötigt, da der Kunde nur einen einmaligen Kauf tätigt.
S T U F E · 10	**Preispräsentation für das Startpaket** nach positiver Entscheidung für die Mitgliedschaft kann das Startpaket angeboten werden. Den Nutzen groß wirken lassen, damit der Preis möglichst klein wirkt (Schlaffke & Plünnecke, 2005, S.35).	**Anbieten von Komplementärartikeln** Dem Kunden werden nun zu seinem gewünschten Produkt ergänzende Produkte vorgeschlagen, die ebenfalls zu seiner Zielsetzung passend sind.	Es gibt in unserem Ladenlokal kein Startpaket, hier werden stattdessen weitere passende Produkte zu seiner Zielsetzung angeboten.
S T U F E · 11	**Vorabschluss** Übereinstimmungen aufzählen, klären welche Fragen noch Offen sind und fortschrittsorientierte Vereinbarung treffen (Schlaffke & Plünnecke, 2005; zitiert nach Katengruber, 2007, S. 194).	**Vorabschluss** Dem Kunden werden nun die Vorteile der angebotenen Produkte aufgezeigt, ebenso werden hier offene Fragen geklärt und direkt behandelt.	
S T U F E · 12	**Abschluss einer Mitgliedschaft** Mitarbeiter füllt die abgeschlossene Mitgliedschaft aus. Beim Ausfüllen wird jeder Schritt und dessen Bedeutung erklärt. Dem Kunden Zeit geben, sich alles durchzulesen und die Mitgliedschaft zu unterschreiben. (Schlaffke & Plünnecke, 2005, S. 37)	**Kaufabschluss** Der Kunde bezahlt die Ware an der Kasse und schließt somit den Kauf ab.	Der Kunde muss für den Kauf von Produkten keinen Vertrag abschließen. Der Kauf wird mittels bezahlen an der Kasse abgeschlossen.
S T U F E · 13	**After-Sales-Betreuung** - positive Entscheidungsbestätigung - Überreichen der Informationsmappe - Aushändigung von Gastkarten - Verabschiedung (Schlaffke & Plünnecke, 2005, S. 38-39)	**After-Sales-Betreuung** - positive Entscheidungsbestätigung - Einnahmeempfehlung mitgeben - Kundenrabattkarte wird angeboten Überreichen der Ware und Verabschiedung des Kunden.	Es erfolgt kein Aushändigen von Gastkarten oder einer Informationsmappe, da diese in unserem Sportnahrungsgeschäft nicht vorhanden sind.

1.2 Verkaufsprozessoptimierung

Vor Öffnung des Ladenlokals sollte es eine Vorbereitungsphase geben, hier kontrollieren die Mitarbeiter die zu präsentierende Ware auf das Erscheinungsbild im Regal. Der Thekenbereich sollte aufgeräumt sein und die kleinen Präsente zu jedem Einkauf bereitliegen. Da die Produktpräsentation einen große Rolle spielt, ist das Erscheinungsbild der Ware ein sehr wichtiger Punkt. Damit auch der erste Eindruck beim Kunden positiv ist und er direkt seinen Ansprechpartner erkennt, ist Teambekleidung und ein gepflegtes Äußeres wünschenswert um einen professionellen ersten Eindruck beim Kunden hinterlassen zu können. Neue Informationen werden mit allen Verkaufsmitarbeitern ausgetauscht, so ist immer eine hohe Fachkompetenz vorhanden. Da die Verkaufsquote bei fast 100% liegt, besteht im eigentlichen Verkaufsgespräch kein Optimierungsbedarf.

Nur durch ein aktives Empfehlungsmarketing kann der Verkaufsprozess sinnvoll ergänzt werden. Aktuell findet im vorhandenen Verkaufsgespräch keine Behandlung von Empfehlungen statt. Mittels Empfehlungskarten kann der Kunde seinen Freunden und Trainingspartnern einen Rabattgutschein aushändigen, werden diese eingelöst, erhält der Kunde beim nächsten Einkauf ein kleines Präsent oder ebenfalls einen Rabatt. Somit können weitere Kunden generiert werden. Die After Sales Phase ist bereits sehr professionell, hier wird das Augenmerk darauf gelegt, dass alle Fragen des Kunden beseitigt wurden und er zufrieden das Ladenlokal verlässt. Die Kundenbindung wird durch die Rabattkarte verstärkt und er erhält über den Newsletter regelmäßige Informationen über neue Rabatte, Tipps und Tricks rund ums Training, Ernährung und Nahrungsergänzungsmittel. Somit kann Sportnahrung- ███ die Kunden erreichen, auch wenn diese seit längerem nicht mehr vor Ort waren.

2 Kundenorientierung

2.1 Konzept der Selbstkonkordanz – Transformation der Modi

Macht ein Kunde eine Ernährungsberatung um einen Bonus bei seiner Krankenkasse zu erhalten, handelt er nicht aus eigenen Beweggründen, die Selbstkonkordanz befindet sich gerade im so genannten externalen Modus (Schlaffke & Plünnecke, 2005, S.46). In dieser Phase ist es wichtig beim Kunden ein Problembewusstsein zu schaffen, dies kann durch eine Infoveranstaltung oder bewusste Fragestellungen geschehen. Beide Methoden machen den Kunden auf sein Fehlverhalten aufmerksam (Schlaffke & Plünnecke, 2005, S. 51).

Ist ein Problembewusstsein beim Kunden vorhanden, so hat der Kunde die Gründe der Zielintention verinnerlicht, auch wenn es noch nicht die eignen sind und befindet sich somit im introjizierten Modus (Schlaffke & Plünnecke, 2005,S.46).

Der nächste Schritt ist es die Gründe für eine Veränderung als wichtig und positiv anzusehen und zu verinnerlichen. Die Selbstkonkordanz im identifizierten Modus liegt dann vor, wenn der Kunde aus freier Entscheidung handelt, weil er eine positive Veränderung anstrebt (Schlaffke & Plünnecke, 2005, S. 46). Mit Auswirkungsfragen können aktiv positive Aspekte gesammelt werden um den Kunden die Vorteile der Veränderung zu verdeutlichen auch eine Pro und Contra Liste hilft die positive Veränderung durch sein Handeln zu verinnerlichen (Schlaffke & Plünnecke, 2005, S.53).

Der letzte Schritt ist es nun, dass der Kunde keine Gründe für sein Handeln mehr benötigt, sondern aus eigener Zielsetzung handelt, dies nennt man auch intrinsischer Modus. (Schlaffke & Plünnecke, 2005, S. 46) Den Kunden durch Lob und Bestätigung unterstützen, sowie im helfen Selbstbeobachtung und Selbstkontrolle zu erlernen um sich später eigenständig motivieren zu können. Familienangehörige sollten bewusst mit einbezogen werden, um ihn hier positiv zu unterstützen und zu stärken (Schlaffke & Plünnecke, 2005, S.54).

2.2 Kundenbindung

Es werden nun fünf Maßnahmen zur Kundenbindung vorgestellt, die dem sogenannten „Motivationsloch" entgegenwirken und somit die Abbruchrate minimieren können.

Tabelle 5: Fünf Maßnahmen zur Kundenbindung

Maßnahme	Begründung
Integrierung des sozialen Umfeld	Partnerkarte mit vergünstigtem Beitrag für das zweite Mitglied. So findet das Mitglied dauerhaft Anschluss und einen Trainingspartner. Gastkarten für Familienangehörige und Freunde können den gleichen Vorteil bringen, so kann das Mitglied Personen aus seinem sozialen Umfeld zum gemeinsamen Training einladen.
Bestätigung	Das Personal sollte stets für eine freundliche und herzliche Atmosphäre sorgen. Das Mitglied sollte regelmäßig bestärkt und bestätigt werden, damit die positive Einstellung zum Training und dem Studio steigt und die Selbstmotivation hochgehalten wird.
Abwechslung schaffen	Durch regelmäßig neu erstellte Trainingspläne erhält das Mitglied Abwechslung in seinen Trainingsalltag, dadurch kann neue Motivation und Freude geschaffen werden. Neue Kurs- und Geräteangebote können dies zusätzlich verstärken.
Regelmäßige Erfolgskontrollen	Regelmäßige Erfolgskontrollen sind wichtig, um die gesetzten Ziele zu erreichen und bei etwaigen Abweichungen mit Planänderungen reagieren zu können. In der Erfolgskontrolle sollten die einzeln erreichten Ziele festgehalten werden, um auch später einen Verlauf dem Mitglied aufzuzeigen, dadurch lassen sich bisher erreichte Ziele besser veranschaulichen.
Regelmäßig neue Zielsetzungen erarbeiten	Sind die zuletzt gesteckten Ziele erreicht worden, benötigt der Kunde neue Ziele um sich zu motivieren. Die neue Zielsetzung sollte mit den Wünschen und Bedürfnissen der Person übereinstimmen Schlaffke & Plünnecke, 2005, S.54) und nach der SMART-Formel erstellt werden (Schlaffke & Plünnecke, 2005; zitiert nach Voss, 2006, S. 71).

2.3 Zusatzverkäufe

In der nachfolgenden Tabelle werden drei Produkte / Leistungen vorgestellt, mit dem das Unternehmen aktuell Zusatzeinkünfte generiert.

Tabelle 6: Aufzählung und Begründung aktueller Zusatzverkäufe des Unternehmens

Derzeitige Zusatzverkäufe des Ausbildungsbetriebes	
Zusatzverkauf	**Begründung**
Ernährungsberatung	Der Verkauf von Sportnahrung kann durch eine Ernährungsberatung ergänzt werden. In der Ernährungsberatung wird der Ernährungsplan passend auf die Ziele und Wünsche des Kunden erstellt und die dazugehörigen Nahrungsergänzungsmittel werden direkt in den Plan integriert.
Zubehör	Der Kunde benötigt zum optimalen zubereiten eines Proteinshakes einen Shaker, so kann beim Kauf eines Proteinpulver ein passender Shaker mit angeboten werden.
Fettmessung	Die Fettmessung dient für den Kunden als Erfolgskontrolle, denn nur durch regelmäßige Kontrollen, kann die gesetzte Zielsetzung auf Erfolg geprüft werden. Gibt es hier Abweichungen, kann die Auswahl der Nahrungsergänzungsmittel optimiert werden.

Entwicklung von drei neuartigen Zusatzverkäufen mit denen das Unternehmen weitere Produkte und Leistungen anbieten kann.

Tabelle 7: Entwicklung neuartiger Produkte / Leistungen

Neuartige Zusatzverkäufe für den Ausbildungsbetrieb	
Zusatzverkauf	**Begründung**
Shake to go	Da sich in der Nähe des Ausbildungsbetriebes zahlreiche Fitnessstudios befinden, können hier trinkfertige Pre-Workout und Post Workout Shakes angeboten werden.
24h Automat	Mit dem 24h Automat können die beliebtesten Supplemente wie z.B. BCAAs, Whey Protein, Mehrkomponentenprotein oder Creatin unabhängig der Öffnungszeiten des Ladenlokals angeboten werden.
Personal Training	Das Angebot der individuellen Ernährungs- und Trainingsberatung kann sinnvoll durch ein Personal Training ergänzt werden. Hier erhält der Kunde nun nicht nur einen Ernährungs- und/oder Trainingsplan, sondern auch aktive Unterstützung beim Training und Umsetzen der Pläne. Das große Athletenteam von Sportnahrung-████kann dazu genutzt werden, dem Kunden ein breites Spektrum an unterschiedlichen Personal Trainern anzubieten. So kann der Kunde passend zu seinen Zielen, Wünschen und Bedürfnissen den für ihn idealen Personal-Trainer aussuchen.

3 Teams, Motivation & Führung

3.1 Teamentwicklung

Es werden zwei Maßnahmen der Teamleiter zur Unterstützung jeder Phase der Teamentwicklung nach Tuckman dargestellt.

Tabelle 8: Phasen der Teamentwicklung nach Tuckman und Maßnahmen zur Unterstützung

Phase nach Tuckman	Unterstützende Maßnahmen
Phase 1: Forming	Gute Vorbereitung des Teamleiters auf die Forming Phase (Schlaffke & Plünnecke, 2005,S.124).
	Vorstellung der Aufgaben und Ziele (Schlaffke & Plünnecke, 2005, S.124).
Phase 2: Storming	Klare Rollenstruktur, Normen und Werte festle-gen: Wer hat wem was zu sagen? (Schlaffke & Plünnecke, 2005,S. 125).
	Arbeitsweisen strukturieren: Wer macht was wann? (Schlaffke & Plünnecke, 2005, S.125).
Phase 3: Norming	„zu erledigende Arbeiten werden neu entwi-ckelt, detailliert geplant und definiert (Schlaffke & Plünnecke, 2005, S.125).
	Vorhandene Ressourcen (z.B. Zeit und Ar-beitskräfte) effizient einsetzen (Schlaffke & Plünnecke, 2005, S. 125).
Phase 4: Performing:	Teammitglieder ideenreich, flexibel und somit effektiv arbeiten und Aufgaben umsetzen las-sen (Schlaffke & Plünnecke, 2005, S. 125)
	Die Gruppenstruktur funktionell anlegen und die Rollenstrukturen flexibel halten (Schlaffke & Plünnecke, 2005, S. 125)

Die Phase 2, auch Storming Phase genannt, ist für den Teamleader die wichtigste und
gleichzeitig schwierigste Phase. Hier entstehen durch unterschiedliche Charaktere und
Arbeitsweisen Konflikte und Cliquenbildung. Der Teamleader sorgt nun für eine klare
Rollenstruktur, Normen- und Werteverteilung, die das Zusammenarbeiten untereinander
regeln. Das gleiche gilt für die Arbeitsweisen, nur mit klaren Spielregeln kann die Storming Phase erfolgreich abgeschlossen und das Team gestärkt werden (Schlaffke &
Plünnecke, 2005, S. 125.)

3.2 Motivation

Die Aussage „Gruppenprovisionen sind in der Fitnessbranche die beste Möglichkeit die Mitarbeiter im eigenen Unternehmen dauerhaft zu motivieren." soll kritisch hinterfragt werden. Die Gruppenprovision birgt im ersten Moment einige Vorteile, denn die Mitarbeiter werden dazu bewegt im Team zusammenzuarbeiten. So entstehen keine Differenzen bezüglich der Arbeitszeiten, Tätigkeiten und der Übergaben einzelner Mitarbeiter untereinander. Jedoch werden Arbeitstüchtige und Top Verkäufer nicht direkt für Ihren Einsatz belohnt und erhalten oftmals keine Anerkennung. Teamitglieder die wenig zum Erfolg beitragen erhalten die gleiche Provision wie Mitarbeiter, die den größten Teil am Erfolg ausmachen. Idealerweise wird die Gruppenprovision mit der Einzelprovision kombiniert, so werden einzelne Nachteile der unterschiedlichen Provisionsmodelle entkräftet und die Motivation der Top Verkäufer gefördert und das Team gestärkt, was zu einer Umsatzsteigerung beitragen kann.

3.3 Führung

Erläuterung des Leadership-Style anhand der vorgegebenen Fallbeispiele:

Im Fallballspiel 1 wird der direktive Stil angewendet, in dem klare Anweisungen der einzelnen Aufgabengebiete erfolgen. Die Einhaltung der strikten Arbeitsanweisung wird stets kontrolliert und Zielabweichungen werden nicht toleriert. Mitarbeiter werden in Entscheidungen nicht mit einbezogen (Schlaffke & Plünnecke, 2005, S. 118)

Das Fallbeispiel 2 beschreibt den affilativen Stil, welcher auf Harmonie und Konsens unter Mitarbeitern und Führungskraft abzielt. Die Mitarbeiter werden als Team in die Entscheidungen mit einbezogen und es erfolgt im Gegensatz zum direktiven Stil keine Kontrolle und direkte Sanktionen. Das Teamgefühl eines Unternehmens wird gestärkt und steht im Vordergrund. (Schlaffke & Plünnecke, 2005, S. 119)

4 EA Controlling

4.1 Kennzahlen im Vertrieb

Nun werden die aktuellen Kennzahlen der Vertriebsmitarbeiter berechnet und beurteilt. Anschließend werden Maßnahmen zur Verbesserung der Kennzahlen aufgezeigt.

Tabelle 9: Quartalszahlen der Vertriebsmitarbeiter

	Mellie	Miguel	Simone
Telefonquote	80,51 %	77,87 %	41,71 %
Termineinhaltungsquote	73,11 %	84,87 %	52,56 %
Abschlussquote	41,82 %	90,43 %	82,93 %

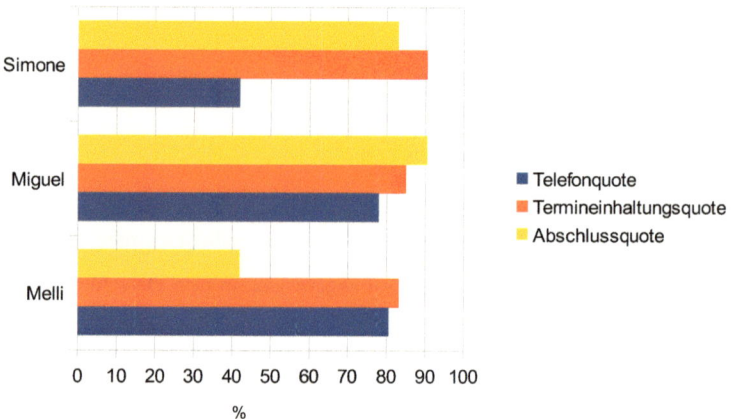

Abbildung 1: Grafische Darstellung der Quartalszahlen der Vertriebsmitarbeiter

Berechnung Durchschnittliche Telefonquote am Beispiel Mellie

$$\frac{Anzahl\ der\ vereinbarten\ Beratungstermine}{Anzahl\ der\ Telefonanrufe\ passiv+aktiv}\ x100\ = \text{Telefonquote in \% (x)}$$

(W.Schlaffke und P.A. Plünnecke, 2015, S. 77)

$$\frac{252}{313}\ x100\ = 80{,}51\%$$

Berechnung der durchschnittlichen Termineinhaltungsquote am Beispiel Mellie

$$\frac{Anzahl\ der\ durchgef\ddot{u}hrten\ Beratungen}{Anzahl\ der\ vereinbarten\ Beratungstermine}\ x100\ = \text{Termineinhaltungsquote in \% (x)}$$

(W.Schlaffke und P.A. Plünnecke, 2015, S. 77)

$$\frac{184}{252}\ x100\ = 73,02\%$$

Berechnung der durchschnittlichen Abschlussquote am Beispiel Melli

$$\frac{Anzahl\ der\ Abschl\ddot{u}sse}{Anzahl\ der\ durchgef\ddot{u}hrten\ Beratungen}\ x100\ = \text{Abschlussquote in \% (x)}$$

(Schlaffke & Plünnecke, 2005, S. 78)

$$\frac{77}{184}\ x100\ = 41,85\%$$

Anhand der obigen Berechnungen werden zusätzlich die Telefonquote, Beratungsquote und die Abschlussquote für die Berater Miguel und Simone errechnet und in die Tabelle 9 eingetragen.

Beurteilung der Kennzahlen:

Aus den ermittelten Kennzahlen ist ersichtlich, das Simone eine optimierungsbedürftige Telefon- und auch Termineinhaltungsquote aufweist. Simone sollte einen Telefonleitfaden erhalten und eine Telefonschulung besuchen um Ihre Fehler beim Telefonmarketing herauszufinden und zu verbessern. Melli hat eine sehr gute Terminquote jedoch werden nicht alle Termine optimal eingehalten. Der letzte Teil des Telefongesprächs sollte hier verbessert werden, um die Termineinhaltungsquote zu steigern. Auch sollte sie Aufgrund der schlechten Abschlussquote eine Verkaufsschulung besuchen. Hier bietet sich ebenso wie bei Mellie ein Leitfaden für den Verkauf von Mitgliedschaften an. Die Quoten von Miguel weisen sowohl bei der Terminquote, Termineinhaltungsquote als auch bei der Abschlussquote einen sehr gute Tendenz auf. Regelmäßige Schulungen und Feedbacks untereinander können bei allen Mitarbeitern in den einzelnen Bereichen Verbesserungen hervorrufen.

4.2 Fluktuationsquote

Tabelle 10: Fluktuationsquote des letzten Geschäftsjahr

	Jan	Feb	Mrz	Apr	Mai	Jun	Jul	Aug	Sep	Okt	Nov	Dez
Endbestand	3800	3860	3870	3879	3925	3938	3930	3952	3971	4005	4024	4046
Ø Mitglieder-bestand	3935											
Abgänge	33	68	116	81	43	57	69	45	64	63	104	111
Fluktuationsquote in %	21,71											

Berechnung der Fluktuationsquote :

$$\frac{Summe\ der\ Mitglieder\ Januar\ bis\ Dezember}{Anzahl\ der\ Monate} = \text{Ø Mitgliederbestand}$$

$$\frac{47.200}{12} = 3.934$$

$$\frac{Gesamtzanzahl\ der\ Abgänge\ pro\ Jahr}{Durchschnittlicher\ Mitgliederbestand} x100 = \text{Fluktuationsquote in \%}$$

$$\frac{854}{3934} x100 = 21,71\%$$

(W.Schlaffke und P.A. Plünnecke, 2015, S. 78)

Berechnung des Jahresmehrumsatz bei Senkung der Fluktuationsquote um 5 Prozentpunkte:

Das Studio hat 854 Abgänge pro Jahr bei einer Fluktuationsquote von 21,71%. Wird diese Quote um fünf Prozentpunkte auf 16,71% gesenkt, dann sinken die Abgänge pro Jahr auf 658 Mitglieder.

$$\frac{3.934}{100} x16,71 = 658 \text{ Mitglieder}$$

Pro Mitglied erwirtschaftet das Unternehmen einen monatlichen netto Gesamtumsatz von 50€. Bei einem Mitgliederabgang von 854 Mitgliedern entspricht das einem monatlichen Gesamtverlust von 42.700€. Senkt man die Abgänge auf 658 Mitglieder verringert man somit den Gesamtverlust auf 32.900€ was einer monatlichen Umsatzsteigerung von 9.800€ entspricht. Somit kann ein Jahresmehrumsatz von 117.600€ erwirtschaftet werden.

Anzahl der geamten Abgänge x50 € = Monatlicher netto Gesamtumsatz

$854 \, x \, 50 \, € = 42.700€$

$658 \, x \, 50 \, € = 32.900€$

Umsatz Fluktuationsquote 21,71 *−Umsatz Fluktuationsquote* 16,71

=Monatliche Umsatzsteigerung bei einer Senkung der Fluktuationsquote um 5 Prozent-punkte

$42.700 \, € - 32.900 \, € = 9.800€$

$9.800 \, € \, x \, 12 \, Monate = 117.600€$

Das Unternehmen kann mit der Senkung der Fluktuationsquote um 5 Prozent einen Jahresmehrumsatz von 117.600€ erzielen.

5 Literaturverzeichnis

Schlaffke, W. & Plünnecke, A. (2015). *Studienbrief Verkaufsmanagement* (Rev. 14.015.000). Saarbrücken: Deutsche Hochschule für Prävention und Gesundheitsmanagement.

6 Abbildungs- und Tabellenverzeichnis

6.1 Tabellenverzeichnis

6.2 Abbildungsverzeichnis

BEI GRIN MACHT SICH IHR WISSEN BEZAHLT

- Wir veröffentlichen Ihre Hausarbeit,
  Bachelor- und Masterarbeit

- Ihr eigenes eBook und Buch -
  weltweit in allen wichtigen Shops

- Verdienen Sie an jedem Verkauf

Jetzt bei www.GRIN.com hochladen
und kostenlos publizieren